AF443847

NEKYIA

LA INVOCACIÓN DE LOS MUERTOS

Miguel Angel Aispuro Ramírez

Nekyia, la invocación de los muertos
Miguel Angel Aispuro Ramírez
Poesía
Primera edición digital, Programa Editorial Sonora, 2019.
Amazon KDP; primera edición, 2020.
Diseño de portada, editorial y gráfico:
a cargo del autor.
Copyright © 2020 Miguel Angel Aispuro Ramírez.
Todos los derechos reservados.
ISBN-13: 9798620746491

¡Oh, bienaventurada Diosa!
otorga la memoria a los que enseñan tus misterios,
ahuyenta lejos de ellos el olvido.

Hesíodo, ***Los Himnos Órficos***

Prólogo

Conocí a Miguel Angel Aispuro Ramírez como se conocen los grandes misterios de este mundo: a través de sus mitos y ficciones. Sentí una admiración contemplativa que me dejó mudo desde que leí sus versos temerarios. Versos con toda esa carga mística del renacer, ese peso específico que portan los escritores de alma curtida, arrancados de la nada, siempre en busca de la totalidad.

El verbo deificado, cargado de pasiones, ídolos y monstruos, piezas de un *puzzle* que se amontonan poco a poco cobrando forma, que reflejan una mueca de melancolía y desafío.

Si alguna vez habéis sentido el calor de la llama que arde en el infinito, abrazad este libro, pasad la página como quien emprende su buena ventura, con el ímpetu de los titanes y los tormentos de la noche eterna. Cabalgad junto a los ladrones del fuego, los jinetes de los vientos alisios, las brujas y demonios de un mundo apenas esbozado, un universo tan solo empezado a modelar. Perpetuad este viaje que nos pertenece a todos, la primera y única aventura que ha emprendido la literatura: la de ser cincel que gime en busca de las formas prohibidas de lo intangible.

Alberto Martínez,
fundador y presentador de *Noviembre Nocturno*

DEL FUEGO Y LA CENIZA

PROMETEO

Cada noche,
cada trozo,
cada instante de entraña carcomida,
cada herida y divina ira
dictan
un latido exacto,
un estremecer de cadenas
en la razón intacta.
***

Fuego, el cielo abierto
al intelecto,
el cálculo del mundo, la consagración
de la memoria;
la tierra misma, herida por bestias mientras
de polo a polo fatigada por mis huellas;
y brebajes y mixturas desplegando
un futuro, y a mis ojos
dibujado entre sueños;
el azar mismo constelado
en entrañas sangrientas.

Lleno de espanto
ardo en tus dones.
***

Honro en el horror
tu espalda malherida y tus grilletes
y al águila terrible que te horada.
Honro el dolor que impide el olvido,
al pico clavado que descubre
lo que sepulta la noche.
Honro la sabiduría quemante
de apartarse de los dioses
y seguir el sendero del fuego.

Los dioses mienten,
son caprichosos, crueles, divinos;
en el castigo brutal por ser nosotros
nos vuelven
                    arañas, rocas,
                    flores, ecos,
                    aves, ríos,
                                olvido.
El dolor, dulce dolor
de la razón ardiente,
devora la duda con su pico.

Prometeo, enciende
lo titánico que me habita,
consume los misterios olímpicos, descubre
la fría piedra de la nada
el conocimiento de lo mortal
y el amor al vacío.

Déjame,
heredero del fuego,
surcar la noche,
sin velos,
fugaz y ardiente en mi caída.

La Caja del Terror

Zeus cruel,
tan sabio en tu rencor
que de amor nos traspasaste,
arráncanos
el último mal.

Aceptamos
la desolación sin término
de la guerra,
la declarada orfandad
en tu rostro oculto,
el dejo en los labios de tu rabia,
el veneno profundo
en el beso de Pandora.
Aceptamos
el ilimitado dolor de nacer y caer,
la enfermedad y la furia,
el desmoronar de nuestros huesos
—peregrinos en carne que se pudre—,
la vejez y las arenas
de Cronos devorándonos.
***

Amargo dios de nuestro pesar,
mis manos ulceradas de tus males,
mis ojos oscurecidos de locura,
mi humanidad sangrante y mi espíritu

roto, vacío de glorias;
todo postro aquí
en la nota más afilada de mi llanto.

Y clamo, Zeus,
la piedad última
ahora ya rasgados
hasta el velo final que cubría
la mortalidad desnuda,
mi sed de silencio y de visiones,
la podredumbre de todos los dioses.

Clamo, herido de amor
y traspasado,
clamo, Zeus,
por que tu mano poderosa
—en tu lenta destrucción
fulmines pronto la última tristeza—
cierres
sobre esa ínfima y vana ave
que miente
—desde los abismos que se abren,
desde el fondo de la caja terrible
y sus oscuridades que me penetran—
y canta
como el dulzor de los venenos,
entre los huesos, la ceniza y el llanto, canta
como la risa en Pandora cruel.

Zeus, clamo, desgarrado
y consumido
por un resto de tu piedad:
no nos maldigas de Esperanza.

DE LOS DARDOS IMPOSIBLES

PIGMALIÓN

Escucha
un llanto perpetuo y mineral,
esa sombra de submundo
que palpita en tierra viva.
Escucha ese dolor,
admitámoslo eco.

Darás vida y luz
como te dieron a ti mismo:
en la desesperada caricia
de manos callosas y abandonadas,
en la cincelación incesante
que descubre la veta de un alma.

Deja que el mármol te seduzca:
entrañas blanquecinas de la noche,
lentos rumores subterráneos
forjando su materia,
un fuego se oculta a pesar de todo.
eso anhelas para ella...
Reminiscencia.

Y como un reto
al hado de tu soledad
la arrancas de sus prisiones
de entumecida tierra.

Con rebuscar ansioso
inicias en el cincel
la dura plegaria.
Ecos, ecos
de la vida forjándote.

Olas que se alzan eternas
a una costa polvorienta, a un acantilado.
Infinitas, rabiosas, demudándose,
así tus manos,
en el naufragar sobre la roca,
así acarician las aristas
con dolor hasta arrasarlas.

Tus dedos lamen la geografía
—montes, valles, abismos de delicia—,
sensuales se deslizan, reptan
unas montañas de dulce cima,
cada contorno, cada línea
—las audaces convergencias—
en una tormenta donde la piel muerde la roca.

Y trazas sus cabellos —imposible laberinto—
en la infinita paciencia
que otorga la soledad devastada.

Ciego tu tacto
recorre las heridas en la piedra,
desciende:
cuello de cisne, hombros fluyendo
hacia la espalda, cascada
adivinas cada vértebra,
en el más lento y más amargo abrazo.

Lentamente tu lengua
pule la estalactita
de lágrimas acumuladas
en esos ojos pétreos.

Un leve roce de labios, los párpados hechos.

Casi
la obra consumada, Pigmalión.

Tu beso se derrota
en labios fríos, inexpugnables.
¿Ansías acaso aquel aliento,
conjuro de vida,
para poblar de alma el mármol?

No son más que tus lágrimas dotando de brillo
esos ojos muertos.

Pero,
¿quién puede resistirse a la mentira?
¿puede el Olimpo resistirse a la mentira?

¿Continuarla acaso…?

La Elegía de Tisbe

Sobre mármol,
trazos marrones y el desgarrado
atisbo de tus ropajes, Tisbe,
en crujidos te nombran,
una oscura resonancia
que luego ha de callar para siempre dentro de mí.

Fría luna, fría
tumba, el frío asiento
donde mis sueños se coagulan
como tu sangre sobre fría piedra.
Tiempo lento y frío
y negra angustia me asfixia.

Sangre que se enfría y oscurece.
Tisbe, nuestro amor,
una hoguera que se vuelve cenizas.

Interminables lágrimas
no vencidas por la brisa
caen a confundirse con la seda
y desciende a mis labios
conjurando el vino
—el más amargo—
de tu adiós también interminable.

Tisbe, no sopla cierzo más frío
que tu silencio en mis entrañas.
***

Éramos habitantes del instante
de una grieta sobre la suerte
por otros decidida.

Tisbe, toda tú
voz en una grieta del destino,
la fisura de una noche de silencios
e intactas soledades.

Tu voz la nota exacta para el derrumbe
de mi corazón, mi coraza, mi crisálida,
cristal estallando de ternura.

Cada noche traías la melodía, manantial.

Mas siempre amanecía
mi beso desamparado en el muro
y un silencio expandiendo negras alas
en cada lugar donde tu ausencia.

Entonces
en una áspera caricia
recorría la grieta
desde el muro hasta mi corazón,
desde tu silencio hasta perderla.

Tisbe, ¿cuántas murallas de amarga resolución
por mí traspasarías?
¿en cuánta soledad nos perderíamos
para estar sencillamente juntos?

Y en un hálito de besos desencontrados,
pactamos.
***

La seda acalla mi llanto
como una mordaza.
Sólo en un silencio de sal
—como la herrumbre—
me quedas.

Tisbe, sangre oscura
sobre lápidas frías.
Tisbe, silencio reverberante
como una sombra, como una nube de tristeza,
sobre mis cielos resquebrajados.
Una mortaja que pudre el horizonte.

Soy un hombre roto desde aquella grieta.
Roto, en un lento desmoronamiento,
denso y lento como noche abatida del deseo.
Caigo a trozos que se pierden, como un eco.

Y esta noche de sangre derramada
me convertí en el mausoleo de tu voz,
desde la fisura de mi corazón
hasta los escombros que seré.

Con una daga voy a tu encuentro
eco triste, Tisbe amada.
Mi guardada grieta en la memoria vacía.
Canta,
en esta fugacidad de luna que me desampara
Canta y calla.

Tisbe. Sino el doliente imposible
de un silencio, seamos una canción rota.

Desde mi corazón,
Tisbe, canta con mi sangre
sobre las tumbas y sobre la muerte.

Ecos

Fin último…
—nunca desoigas la voz de Tiresias—
conocernos.
Pero ¿son nuestros ojos capaces
de sondear el laberinto que somos?
¿cómo comprender lo incomprensible
y, en mitad de la niebla, asir
algo tan disperso como la clave de la existencia?
¿cómo aferrar lo inconsistente
y, tinieblas adentro, distinguir nuestra sombra?

No obstante,
de cierta forma, somos
aquello que creemos —sombras—,
la densa maraña de caminos frustrados,
de sueños sin salida.
Somos lo que intentamos —sombras—,
el áspero simulacro de un ideal.

Entonces, si el intento radica en ser
lo simple, una superficie regular,
un retrato obvio
de rasgos generales
y emociones definitivas —sombras—.
Entonces quizás
la representación más burda nos abarque
como el frío reflejo

que llama desde el fondo quieto de un lago,
ser una apariencia y una sombra que se agita.

O vivir eternamente.

Descender de esta sombra
a una más definitiva.
Vagar como un suspiro
las tinieblas de la incertidumbre
y descender, arrebatados,
a la oscuridad más exacta,
más completa.
Integrarnos finalmente
al gran cortejo de sombras
del que fuimos siempre,
—siempre seremos— parte.

¿Fin último?
Conocernos, aún cuando el Hades
nos reclame antes
inexorable, triste,
amargo y sin respuestas:
sólo un puño de tierra acallando la interrogante,
sólo un horizonte de densa negrura.

Por supuesto,
Narciso vivirá eternamente
a menos que no descubra el sentido único
—luz en las tinieblas,
resolver su propio laberinto
y contemplarse—,
a menos de que nunca
se conozca a sí mismo.
***

A mitad del camino,
ni un solo día
inclinaba la balanza
hacia el hombre o hacia el niño,
a mitad del camino
la belleza de Narciso se encontraba.

Tu hermoso cuerpo
pareciera esculpido con la paciencia del Cefiso
en mil años de esmerada erosión
que en aquel día se concentrara.

Liríope de piel tersa, aquel día
sus miembros bañaba
en la caricia tibia de esas aguas.
Cefiso, río triste,
cuya erosión hacia el mar
solitaria
era su más pesada carga.

Liríope de fragante pureza
siente el abrazo de brazos infinitos,
siente la soledad de la fría montaña,
siente su más recóndita caricia.

La belleza inmortal de una ninfa,
el beso íntimo, trashumante y mineral
del más triste río
apasionados en la pulida roca de sus bordes
te conjuran, hermoso,
te conjuran, Narciso.

Cazador imberbe
la ternura de tus ojos

es una dulce tiranía
que a ciervos y fieras guía por igual
a tus redes.

No menos pudiera decirse
de la fatalidad de tu belleza
en que tantas y tantos
se han visto consumidos.

Hermoso Narciso
como un canto de sirena, tu belleza
y no menos fatídica
y no menos promesa hueca.

Ninguna intención habita la ternura de tus ojos,
ni un abrazo darán esos gentiles brazos,
ni la flor de tus labios se dignará
a posarse en ninguna boca sedienta.

Ni todos los ardores del mundo
—bien te sabes capaz de despertarlos—
bastarán para tibiar tus entrañas orgullosas,
ni se verá rota tu mirada
en una especie de respuesta
amante.

Amarte es un incendio
solitario.

Narciso,
don de dioses
como la caja de Pandora
mas sin esperanza alguna.
***

Pendiendo como siempre
al final de una idea
Eco se encontraba.

Ella no podría decir, aun si lo recordara,
la historia de su voz desposeída
pues se entretenía rumiando
un rumor en el bosque hace tiempo susurrado.

Bella, sin duda, pero con su voz arrancada
habíase ido también su gracia.
Bella ninfa, por fuera,
por dentro sólo una sombra interminable,
la insistencia de la nada.

Eco, hermosa, deshabitada,
muda y sola y atrapada.
Ni Hera en su implacable ira
soñó nunca
la magnitud de su castigo:

Sin voz, sin ella.
Intrascendente nada repetida.
                    ***

Bastó la fuga de un ciervo
para conjurar la tragedia.

Más valiera que mil flechas
atravesarán el corazón del ciervo
antes que permitirle guiar a Narciso
a los desesperados brazos de Eco.

Eco, muda incluso de aquel rumor
también extinto,
cayó confusamente entre sus redes.
Oculta, temerosa, ansiosa
le acechaba cual insecto a una flama.

Llamó entonces Narciso
—y su voz no era menos bella que su morada—
            ¿Hay alguien aquí?

Eco, por el deseo devorada,
por las inconmensurables ansias de formular
dulces palabras, el melodioso halago,
al hermoso,
al perfecto,
al grandioso Narciso
halló en una sola palabra toda la fuga necesaria
de su alabanza concentrada
como una espina en su garganta:

            Aquí…

Narciso, en su desconcierto
mira como un cervatillo alrededor.
            Ven…
            Ven…
y nadie llega.
            ¿Por qué me huyes?
Y el *me huyes* en respuesta
es la amarga queja,
un deseo que duda.

            Aquí, unámonos.

Y desde la soledad de la idea repetida,
del mascullar infinito, del rito abandonado,
Eco, hermosa y triste y encantada
se vuelve los brazos
de un abrazo infinito
y la más pura manifestación de amor:
el eco exacto,
               unámonos.

Orgulloso Narciso,
en tu fría impiedad
arrojaste duras palabras:

Este cuerpo digno de Apolo,
cabellos que Dionisos envidiaría
y este rostro que ganaría la caricia de Afrodita,
toda esta convergencia de bellezas,
este conjunto de armonías, antes destruido
—bajo los martillos del Etna
o por el rayo fulminante—,
que entregarme a ti.

El amor no es ciego, es sordo.
Sordo como Narciso ante el dolor,
como el mundo detenido que ignora con desdén
el frágil sonido —sin ecos—
de un corazón estallando.

            Entregarme a ti…
                    entregarme a ti…

Por un instante pendieron
las palabras en labios de Eco,
y un mundo se volvió silencio

y la ninfa por primera vez calla.

Impávido Narciso,
la viste marchar y marchitarse
y la olvidaste.

Nosotros nunca pudimos.

Te vimos, ninfa deshecha,
recorrer el arduo camino
de la queja impronunciada.
No habría palabras —lo sabes como nadie—
para erradicar el dolor absoluto,
la frustración de la pérdida total,
un silencio doloroso incapaz de volverse rabia.

Así recorriste la desolación de la montaña
como una exhalación, rota y amarga.
Ni una palabra,
ni una sola que te liberará
del fuego reminiscente,
su desamor en tus entrañas,
tu amor abatido al vuelo.
Y te dejaste consumir por el silencio.

Quizás la más nimia queja
habría desmoronado la prisión de tu dolor.

Tendiste tu cuerpo, vacío de voz,
vacío del deseo y de todo sentido.

La dura roca comprendió tanta ausencia
y sólo el viento fraternizó con tu llanto silencioso.

Y te consumiste,
como un suspiro eterno
quedas
una con tu dolor,
una absoluta pena,
un llanto infinito de ausencia.
                    ***

Son éstos los hechos,
Némesis justa y portentosa,
de la que mi turbada pena
es sólo un pálido reflejo.

No desoigas la súplica de Aminio
tu fervoroso creyente clama.
Hija de la oscura Nix
y del profundo Erebo.
En ti reside todo derecho y juicio
sobre los actos del Hombre.
Sabia y recta,
has que el que siembre coseche con creces.

Némesis implacable
ahora que mi vida se extingue por obra
de mis manos despojadas
haz tuya mi venganza.

"Narciso, hermoso y altivo,
un fuego como el que enciendes
habrá de devorarte,
el fuego de una pasión interminable
—sin tregua de olvido—, te consuma,
sea tu cicuta un amor imposible."
                    ***

Ven Narciso,
el hilo de tanto infortunio
hasta aquí ha sido tensado.

Ningún pájaro desplegó jamás sus alas
sobre un lugar más hermoso.
Un claro en el bosque que jamás
fue hollado por pezuña o garra
ni por la planta de hombre alguno.
Un lugar de belleza intacta,
Narciso.

Un lago de superficie quieta te llama,
¿ves ese rostro, donde el rojo
y el blanco de la nieve se confunden?
¿la dulzura de esos labios ansiosos?
Su mirada te contempla con deseo infinito,
es tan digno de ti mismo...

Mira, sus gestos te invitan,
su mano extiende hacia ti.
Vamos, tiéndele la tuya, que hacia ti surja…
un dedo lánguido
se acerca el tuyo.

Y todo se esfuma.

Durante un instante tormentoso,
sientes la punzada
profunda y despiadada: *se ha ido*,
te ha abandonado
el centro de tu universo…

Pero vuelve,
lentamente su imagen vuelve
a tomar forma. Y más ansioso,
más turbado por el deseo —lo sabes tan bien—
que siente por ti.

Mas no se poseerán.

Ni todo el ardor del mundo —lo sabes también—
bastará para que esa imagen hueca
corresponda tu pasión.
Y sufres apenas un eco
del dolor que has provocado.

Y desdén antes que belleza
envenenará la memoria que dejas.

Sólo Némesis —tan completa es su justicia—
daría tan perfecto castigo.
¿Eres tan distinto Narciso
al reflejo del lago?
                    ***

Tu lamento quema el aire
y Eco reverbera tu dolor.
Pálida venganza.

Tiresias lo supo siempre:
el final de tu camino
sería una revelación.

Otros, con gusto, hubieran su alma
entregado al Hades, con tal de conocerse.
Morir antes que vida eterna y eterna duda.

Hermoso Narciso, deshabitado y hueco.
sólo eras una carcasa vacía y dolorosa.

El viento, un lamento sopla entre tus restos,
es el piadoso abrazo de Eco.
Una hermandad en el dolor
lo que te resta.

Nada hubo dentro de ti, Narciso, nada
que un espejo frío
no pudiera revelarte.
Nada dejas pues eras nada.

Tu lágrima rompe finalmente el espejo.

Pende mi corazón de una soga.
Vaivén de la pena y de la nada.
Oscila.
Qué fácil fue encontrar los ecos
del autodesprecio en todo silencio,
en las estocadas de la indiferencia...

Pende mi corazón al final de una soga:
qué sencillo caer rendido.
Trazar en esos universos grises,
en esos horizontes de desesperanza,
esbozos crueles de magia.

Cuán fácil es entre escombros acunar la flor.
Anaxárete,
puedo hacer de tu cuerpo pálido y tus ojos fríos
el ídolo al que vengo a ofrecer
el holocausto adivinado
(en todos los días, en todas las dagas,
en todas las nadas) que ardí sin ti.

Qué fácil ir y venir
de las cicatrices frías a la caricia.
Qué fácil volver de una a otra.
Qué fácil escuchar las voces de dioses
en azares llenos de desesperación y fantasía.
Qué fácil maldecir su inexistencia

en las entrañas solas,
las alas rotas, el hilo acabado
antes de salir del laberinto.

Qué fácil y terrible,
redibujar los hilos: destino.
Izquierda y derecha de latido en latido
hasta que se detiene. Centro amargo,
sin don ni maldición.

Pendo al final de un hilo: destino.

Me verás, después,
con esa mirada helada
mis ojos abiertos. Muertos.
Qué fácil es entonces ver
tu palpable silencio de arena
recorriendo tus venas;
tu piel prohibida, lejana.
Y ese corazón de mármol tuyo,
sin un solo frío para mí dedicado,
sin una sola fisura para mí dedicada.

Qué fácil, Anaxárete,
desde la iracunda sordidez de mi muerte,
oscilar entre odiarte (victoria),
o el aliento gélido de tu corazón
(esa certeza) que detrás del mármol
escondes cuarzo.

Y luz para sí. Ni una sombra para mí.

Qué fácil perdonar
que en tu frío desdén intuí el del mundo,
el odio hacia mí mismo, mi abismo.

Qué fácil maldecirte también.

DE LA PRISIÓN EN EL LABERINTO

El vuelo de Ícaro

En un punto sin retorno
me he vuelto
de mí mismo el carcelero.
Mi alma yerra los intrincados pasillos,
un lamento desgarra el silencio del laberinto,
muros confundidos
en la elección o circunstancia.

Y afuera un mar de cansancios,
de mentira y máscara,
el rumor del mar una exhalación
y olas voraces,
oscuridad y voces miasmáticas.

Dudas, miedos, ruinas,
el coro de fantasmas, el amargo llanto
que me habita
y la esperanza exigua, dividida
y fugaz
en mis entrañas extraviada.

Cielo incendio,
llamarada y llamada, seductora.
Alternativa y fuga
de ambos laberintos.

Cielo que arde, sol
donde mis muros no llegaron
donde la sombra
de mis negras verdades no cubre
ni el milagro derrotado se ha corrompido.
Bello y puro, distante y distinto —marginal—
en el silencio prometido, más allá
del furioso oleaje.

Alturas asfixiadas,
fragmentos de vuelo y ala
son los componentes de mi sueño.
Cera de soberbia embalsama mi quimera.

Armazón de alas desplegadas con hastío,
jirones de arrebatado cielo,
agito con la rabia y la desesperación
del anhelo condenado.
***

En verdad abrí mis alas
—frío como un suspiro—
el instante congelado,
uno con el cielo,
infinito y dominante
—fugacidad—
sobre las negras aguas.
***

Fuego…
Que el resplandor de mi deseo
sea también el germen de mi desgracia
no carece del todo de ironía.

La cera de mis alas se funde
revelando el esqueleto de mi farsa.
No soy Dédalo. No me basta
esquivar los dardos del deseo
huir por las sombras.

La espiral es el éxtasis de mi existencia.
                    ***

Navego roto
a la voracidad del mar.
Cada ola es un látigo a mi corazón,
las aguas me devoran.
¿mar o lágrimas, cuál es
el tormento de mis ojos?

Las plumas se confunden
en una cresta de espuma.

En mis oídos asciende —cae—
una carcajada marina e infinita.

Me vuelvo uno con la caída
y, corazón adentro, me hundo,
me pierdo.

MINOTAURO

¿Y qué habría pasado
si hubiera encontrado el hilo dorado
antes que el fulgor de una espada?

La hubiera seguido, camino
hacia ambos lados inequívoco,
dos salidas permanentes del laberinto:
        mi sangre empañando el brillo del metal,
        mi sangre empañando el brillo de la vida.

La reverberación del sol,
la reverberación del arma..
Primera y última luz. Definitiva.

¿Qué haría perdido en Creta,
estaría más perdido que antes?

Ebrio de luz...
en un deambular fastidioso
por empedrados azares
y fatuos albedrío.

Y murallas...
                murallas...
invisibles, trashumantes.

Libertad que se retuerce hasta las cadenas.

Y una alternativa:
errar a través
de una ola coronada de espuma,
de la esperanza desbaratada entre la marea,
reinterpretarme en una alada quimera
sobre los restos de un sueño aniquilado.
Ícaro... y un poco de cera.

Alzarme monstruoso al cielo…

¿Qué habría pasado entonces, Teseo?

¿Seguiría yo recorriendo laberintos?

DÉDALO

Permanentemente anclado
a una cicatriz de siniestro brillo
e inmensa, estoy.

Al herido alrededor
que se ha vuelto mi paisaje
sólo encuentro los duros contrastes
de un blanco de página vacía
o de un negro imperdonable.

Y los huesos no distinguen sino
el verano gimiente
o el invierno intrínseco.

Mis pies se han vuelto incapaces
de sentir las huellas desmoronarse
bajo el ímpetu de una ola repetida

Y mi alma es un espejo roto
deshecho a las sutilezas.

Con una espalda flagelada
—de áurea pluma desnuda—
toda caricia
se ha vuelto inoportuna,
como arder sin gloria.

Un laberinto que se escribe
en los trazos de una vieja cicatriz.

Barco a la deriva construido
siguiendo los diseños del azar,
el capricho de la tormenta.

Estoy constituido en una herida,
forjado en el Tártaro de mi autonomía
y por ausencia de los Elíseos bruñido.

Soy uno con la caída y la desesperación.

Todos los sueños se han vuelto
alas fatigadas y angustia.

Ahora, mis ojos llenos de polvo,
mis oídos resignados al más feroz silencio,
a la palabra más hueca,
mis labios siempre ensangrentados
me confirman
a este mundo de filos encontrados
y contrastes sin término medio.

Veo,
escucho,
siento y me aferro
a lo sobreviviente.

Este cuerpo llagado,
este espectador de su tragedia,
este mártir del absurdo
está agotado.

Siento la distancia.

La quimera que una vez contrajo mi corazón
en una lágrima de sangre
hoy sólo provoca la sonrisa amarga.

Me temo
que en la espiral ilimitada
las escarpas se confunden.

Ni rabia ni horizonte
empañan mis ojos en una lágrima.
ni la piadosa caricia del destino
quiebra mi rostro en una sonrisa.

Ya no soy una suerte de veleta,
—más soy— ancla herrumbrosa e imperturbable.

Sin voz a la delicadeza
sin tacto ante la brisa
sordo y ciego,
envuelto en el sopor endurecido
de lo acostumbrado.

Alas agitadas con hastío
baten un cielo de grises tonos,
de tibiezas de alegría,
de medias tristezas acumuladas.

Algo ha muerto
deshecho, corrompido
en una larga indiferencia.

En la sangre de alas mutiladas se ahogan

odios, ansías y pasiones.

Pesar,
o los necios rescoldos donde la dicha pervive
aplastados
en la óptica endurecida.

Nada me hace llorar, nada
reír, sólo
solo tiemblo ante un frío
adivinado cada día como inevitable.

O sufro la desmedida de un vacío
ridículo y patético —sombra que desgarra—
de que algo falta y faltará.

Una sombra del Hades,
errando...

ARIADNA

Espuma y arena
en mis labios,
despertar a la angustia
de un recitar de gaviotas
y un oleaje que solloza.

Despertar, Teseo,
ante el susurro bestial
del negro velamen de tu embarcación.

Despertar, deseo
anclado a la duda,
las estériles ansias de nada.

Teseo, Teseo, Teseo.
Tu viento a favor es mi tormenta.
                    ***

Qué inevitable fue perderme
en tu reluciente mirada
donde se adivinaba
—acaso si—
más allá del burdo desafío
el feroz brillo de tu espada,
tu valor imberbe,
la revolución mínima
de tu península aplastada.

No sé, Teseo,
quizás vi en esa mirada
ya el hilo dorado
de mi propio laberinto.

Y desafiante a Minos
descendiste a un lugar en el tributo,
cuánta nobleza aniquilada.

Teseo
—tentación, deseo—
pídeme
abandonarlo todo,
renunciar a la gloria
de caducos estandartes,
abdicar un trono de retorcidos laberintos
y oscuros secretos,
pídeme el destierro
de un archipiélago de súbditos
—cuán poco es en verdad mi tributo—,
pero no me pidas renunciar
a esa mirada...
ni a que me abrace la piel
esa primera brisa de la tormenta.
                    ***

Sentí en mis propios nervios
la tensión
del dorado hilo
y a mis manos vaciándose
cuando marchaste hacia las sombras
y comenzaba a extenderse mi laberinto.

Y a través de la madeja
resonaron tus pasos
sobre piedras una y otra vez ensangrentadas
que se traducían en mis latidos.

¿Te alejabas o volvías,
errando, a mi atribulado corazón?

Imaginar deseo
la sangre del Minotauro
empañando el filo de tu espada,
la dura lucha, el entrechocar
de carne, sangre, hueso y metal.

Imaginarlo todo, Teseo,
en el tensar y relajar
de los hilos, tus nervios y los míos.

Hasta que al final
los tensaste infinitamente hacia mí.

Brillaste al sol,
los músculos bruñidos
de sangre bestial.

Inevitablemente,
me derrumbé
ante tus pies de bronce,
ante esa mirada...
como el Minotauro debió caer
ante el fulgor de tu espada.

Teseo, Teseo, Teseo
que la Muerte sólo
arranque tu nombre de mis labios.
                    ***

Naxos,
amarnos al tacto del mar,
soñarnos,
poseernos en la única manera,
la única posible,
anclarnos en la carne,
pertenecernos.

En Naxos
abrazar toda la perdición,
retorcernos
en todo laberinto,
en toda posibilidad.

Naxos, anclaje, nexos.

Y entonces soñar para siempre.
                    ***

Despertar, Teseo,
despertar
a tu completa ausencia.

Principia el verdadero laberinto.
                    ***

Me pierdo
en estos muros erigidos
de blanda nostalgia,

imágenes repetidas,
mil pensamientos
que conducen hacia ningún lado.

Paredes construidas de tu ausencia,
un cielo infinito, inalcanzable.
Tantas puertas a ninguna parte.

El interminable pasillo del abandono.

Atrapada, siempre
¿y a quién rogar el hilo dorado,
en qué rincón?
¿qué esperar,
sino a la desesperanza?
***

¿No es un hilo
acaso el Destino
tejido por las Moiras?

Destino:
lo irrevocable,
el camino,
la inutilidad del llanto,
lo inexorable,
y por completo
la bienaventuranza del desesperanzado.

Teseo, Teseo,
no era ni uno solo de los extremos
mi parte en tu madeja.

Estoy perdida
y sin embargo, sé.

Paso a paso, latido a latido,
nervio a nervio en tensión
tomo el hilo de los sueños rotos.

Es memoria.

Desandar la sórdida patraña
de estar juntos,
entregados,
demoler las imágenes
al volver los pasos,
rasgar la piel en los escombros,
embeberme en el vértigo de una caída absoluta,
dejarme enmarañar en la pérdida sin límites,
no poseer ni poder asirme
ni a tu nombre.

Avanzar en el hilo crucial
en dentelladas de cinismo.
Arder en la certeza.

Abismarme, sin pena, sin gloria,
fundirme en el beso inmenso del cadáver.
Y encontrarme.

Gravitar en el laberinto.
Mil puertas hacia mí misma.

Encontrarme en el Minotauro
—recurrente ironía—,
en el espejo angustiado

en los despojos de mí misma
despojada.

¿Y qué espada alzar?
		***

Dos extremos de la madeja:
imagina el hilo acabar en nada,
deambularía la retorcida mentira
de haber amado,
los interminables senderos de la nostalgia,
y perderme para siempre
prisionera de una duda tan amigable
e infinita.

O, de otro modo,
perderte y encontrarme
para siempre
y abrazar con saña la soledad
infinita

Pero encontrarme Teseo,
encontrarme...
y besar la oscuridad para siempre.

En realidad Teseo,
despertar.

DE LAS OLAS AL SUBMUNDO

CARONTE

No bajo mi lengua el sabor
ni los escalofríos en la piel
de las telarañas tibias del recuerdo.

Se me permitió la agonía interminable
de sábanas miasmáticas y aire enrarecido
y un epílogo de luna llena, sudor frío
y la cruda soledad llenándose de sombras.

Y el marcharme arrojando el resto a los chacales.

No regurgito ante ti
el metálico, ácido, sabor
de que me recuerdan.

No, barquero, no bajo mi lengua
que trascendí.
                    ***

Entonces
—otros—
cien años de arañar inútilmente
playas grises e imperecederas.
        Horadar sin sentido la vida.
        Horadar sin sentido la muerte.
        sin sentido.

¿Y tú?

****

Más amargos que el Aqueronte
y más densos
mis horizontes marchitos
poblados de ti a las costas del silencio,
al borde de mis sueños,
al final de todos los caminos,
y al crepitar de mis huellas polvorientas
que se encuentran y desencuentran.

Barquero infinito,
yo también bogo la oscura ciénega
de las esperanzas rotas.

Y fui engendro y despojo
de la Noche y alguna profundidad
innombrable e incierta.

No precisamos ninguno
la avalancha del misterio
ni oráculos que nos consuelen
del Destino.

Navegamos cruciales la miseria.

Y quizás ningún Cócytos
albergue estas lágrimas cálidas
susurradas en las arenas del Estigia.

El Hado de Sísifo

Como una cuchillada
hundo de nuevo mi pie sobre la tierra.

Como un Atlas marchito
mi piedra empujo de nuevo.
      ***

Un aire fatigado de lamentos
inhalan mis pulmones,
un susurro de Hades,
una esquirla de eterna condena.

Debiera escuchar el siempre frío
aliento que me habita
y no
estas voces que me desgarran:
      Adelante… adelante…

Y la cima se insinúa
como los frutos a Tántalo
y más seductora
que las aguas que circundan su sed ominosa.

Hiero la tierra como una daga,
empujo, como el viento a las nubes,
inexorablemente mi carga.
      ***

Escalo a la cima
y la piedra cae,
las voces no cesan.

Pudre mi garganta, no más lo amargo
del sabor
sino lo reconocido.

Y las voces no callan.

Me siento un dios fatigado
en la asfixia de los inciensos.
***

Me duele la tierra,
los dolorosos senderos
que desanda mi pasión,
el polvo que se asienta en mis labios,
en mi rostro: la derrota.

Las maldigo, voces que me incitan,
las maldigo, dura espuela de la fe
dulce látigo que son.

Quisiera arrancar de mis ojos los imposibles
horizontes prometidos,
afrontar la resolución de la caída

Callen, callen
imperios de melodía.
Son un puñado de ceniza
en mi sed ilimitada.
Son una mano de fuego
que oprime mi corazón de sombras,

una lengua ardiente de ansias y de deseo.

Déjenme. Duele tanto
desvivir mis huellas.
                    ***

Quisiera una vez
ser arrastrado por la causa pérdida,
caer en la avalancha del deseo.

Allá abajo, reluce
vagamente una extraña joya:
el abatimiento.

Dejar de ser
un Atlas amargo que sostiene
el cielo desde un ocaso vehemente
hasta una remota aurora.

Dejar caer este cielo,
dejar caer esta esperanza, este deseo.

Dejarme caer en la desdicha.

Dejarme caer con la piedra y los sueños.

Llegar al fondo de mi abismo
y abrazar la feroz desesperanza,
hundir en la negrura del fondo
mi cabeza malherida de quimeras.

Caer por completo,
dejar volar para siempre los sueños,
que me abandonen las voces,

quedar cual crisálida vacía,
ni una vela encendida
en el templo de mis esperanzas y mis dioses.

Y al fin la sangre fluyera
amarga y vencida
como un dichoso Leteo.
                    ***

Hiero la tierra.
Mi pecho se consume
en la frialdad de un lamento,
es la nueva bocanada.
Empujo repetido el Hado triste de mi condena.

Castigo es esperanza.
Condena es horizonte.
Caída es caer sin límites.

Herir la tierra sin fin.

HADES

Te veo, Perséfone, danzando.

La suave hierba es el compás extendido
de tus gráciles pasos.
El viento la continuación de tu melodía.

Y ante mis ojos
floreces sin cautela
cual sol estallando en tus cabellos,
y los azahares de tu frente
se confunden con tu aroma.

Perséfone, Perséfone,
como una tentación
maduran en ti frutos soñados
que tus ropajes insinúan.

Eres tiránica, cual Circe,
más aún
en el peligroso halo
de tu inocencia.

Perséfone,
que el que seas mía
no sea un sueño más
coagulando el Estigia.
***

Soy Hades,
de las entrañas de Cronos
nacido a una orfandad sin tiempo.

El hilo de mi destino
es una prolongación hacia la nada.

Podría escoger un reino,
podría
abrazar el hueso final.
Elegí los infiernos,
gloriosos infiernos, crudos.
Oscuridad.

Bien pude elegir la Tierra sombría.
***

Hoy he temido a tu mundo.

El erizado verdor de la tierra,
los filos susurrantes,
la luz resquebrajada,
la vulnerabilidad del cielo abierto.

Temo tanto a la mutabilidad.

Los sentimientos,
escuálida reinterpretación
de magros instintos...

Veo en el amor
desesperación, veo fantasmas de necesidad.
Adivino imposibles y suplencias.

Y nadie puede odiar
con la suficiente intensidad.
Temen, ignoran, escapan,
se fugan en la incomprensión,
se fundan en el descreimiento.
Tanto para desconocerse en los demás.

Los menos...
vuelven de la soledad
un espacio estéril y de compasión.

Y muerte y vida
sólo significan ya horror y ancla.
Temerosos de cualquier entrega.

Hoy he temido
a tantas y tan variadas máscaras.

Hoy he temido a la mutabilidad
del dolor.
      ***

Es hora.
Cabalga los negros corceles del abandono.
Y ven
      ***

Por mis venas arde el Flegetón,
te siento en cada nervio
como una combustión inesperada...,
Perséfone, sé el calor de mis entrañas.
Diluye el Aqueronte de mi ruina,
la densa amargura de mi infierno.
No seas un sueño más

sumado al lago sin límites
de mis deseos frustrados.
No sean tus recuerdos un Estigia,
no sean mis recuerdos un pantano.

Reto a mi destino,
entretejo un hilo alrededor suyo.

Déjame.
Que el Cócytos guarde un castigo
antes que mi llanto.

Me niego al vacío
de olvidarte.

Me niego un Leteo
de reposo, de desesperanza y de nada.

Niego la descorazonada renuncia
de ti, la oscura resignación.
                    ***

Vamos,
dime, acaso no
la sinceridad
resulta más despiadada
que mis reinos.

Hay un sabor de helada combustión
en la fragante primavera.

Una bocanada de desfallecimiento
en el triste marchitar de las flores.

Tanto abandono
en los pájaros que se van.

El grave océano de luz
es un ocaso tan inevitable.

Y la vida se devora a sí misma.

Me pides encontrar belleza
en lánguidas hojas que caen,
en la lluvia que es llanto,
en la dolorosa erosión de la tierra.
Donde tú ves hermosura
yo veo luces que se apagarán.
Donde tú ves muerte y final
yo veo sombras que se reinventan.

Ven aquí,
donde la sinceridad
es una mueca descarnada.

Nada tienen que ocultar
labios corroídos
y cuencas vacías.

Ven aquí, donde existe
la franqueza del cadáver
y el derrumbe.

¿No resientes
que a la luz del sol
todo pueda parecer tan bello,
pero que todas las máscaras
se desmoronen en la angustia?

Ven conmigo,
que sea la seducción de mis infiernos
una pasión por la verdad.
    ***

Descendamos tan profundo
donde no llegue el sopor de los vivos.
    ***

Es toda mi oferta.
Ni un cielo inalcanzable,
el aire irrespirable
de la Verdad.
Las tierras yertas son
una estéril ceniza para la mentira.
Te ofrezco el polvo de mil máscaras
consumidas por su soledad.
Ni un solo espejo
que nos mienta una apariencia.

Te ofrezco compartir la orfandad.
    ***

¿El mundo se marchitaría sin ti...?

Más yo no haré del olvido mi nepente,
no mientras sea tan delicado
el perfume
de mi herida nostalgia.

Cruel amapola de prenderme a ti.
    ***

No te vayas.

Mi luto no será de un tranquilo blanco,
no podría soportar
una tan ardiente ausencia,
tú no podrás soportar
el esqueleto revelado
del mundo al que regresas.

No te vayas.

No ahora,
cuando tu visión
es un trágico reloj de arena,
un universo que se desmorona.

Ven entonces.

Extiende tu mano,
abre el corazón
a los vientos despiadados de no soñar,
entreabre los labios,
cierra fuertemente los ojos,
abraza la oscuridad...

Y come entonces
este fruto prohibido.
Un solo grano carmesí
perpetúa tus lágrimas de sangre
y las mías de condenarte.
                    ***

No te vayas nunca del todo.

Eleusis...
        Eleusis...
                Eleusis...

Jamás del todo y para siempre.
Volverás.

EURÍDICE

Como Sísifo, me arrastrarás también
eterna
en tu condena.
                ***

Vuelves, amargo rapsoda.
Ya desciendes, fantasma degradado,
al ritmo aciago de tu pasión decadente.

Me dueles en cada nota de tu llanto.

Piedra soy.
Piedra sueños.
Piedra silencios.
Piedra maldita y arrojada
en tu vacilante desesperación.

El manto mortal me conquistó
desde los colmillos de la serpiente
en el más profundo éxtasis de vida:
nuestro amor...

Entonces
los acordes de tu lira
fueron el arrebato de mi noche.

Te sentí en cada nervio
como si en ellos tañeras
la plegaria de tu canción.

Soberbia hazaña, descendiste.
Cancerbero a tus pies amansado,
de Perséfone los ruegos conmovidos
y de hierro las lágrimas de un rey de los muertos
desgarrado
en los delirios de tu lira.

Has rimado bien la amargura,
del amor y la esperanza desesperada
de tu estigio viaje a los abismos.

Por tus cuerdas se estremece el reto
de tu corazón derrotado.

De todos los que vienen aquí
sólo tú has ignorado
—impusiste la llama de tu música—
la condena de los portales:
eres el vestigio de toda luz y esperanza.

Márchate ya, pero no mires atrás.

El siniestro juicio de Hades.
***

¿Y es que te faltó valor
amado Orfeo, derrumbado?

En tu melancolía de ritmos
desafiaste al Hado

sin encontrar la fortaleza
para en él reunirnos.

¿Qué fue tu lacrimosa mirada
sino
el doloroso reconocimiento de la ruina
que te prometía tu destino?

Por eso la arrojaste de tus ojos:
Tu —tú— vacilación. Yo piedra.

Me dueles Orfeo, todavía
cuando marchaste a la luz
sin ninguna
ni en tu alma, ni en tus ojos
ni en tu música.

Así tocaste la última canción,
estridente canción
de la condena.
                    ***

Piedra fuimos en la superficie del Estigia.
Piedra desesperada y ondas concéntricas
—los sonidos de una balada maldita—
que no nos valieron nada al final.

Siempre…

Piedra somos
en el fondo del olvido.

ÍNDICE:

Sobre el autor

MIGUEL ÁNGEL AISPURO RAMÍREZ (Durango, 1982) es un poeta y narrador que habita la desértica Hermosillo desde hace casi treinta años. Es Licenciado en Literaturas Hispánicas por la Universidad de Sonora. Autor de los poemarios *Icaria* (UNISON, 2001), *Ceniza a la ceniza* (UNISON, 2012) y *Nekyia* (ISC, 2019, en formato digital). Su libro de relatos *Carne tan frágil* ganó el Concurso del Libro Sonorense en el 2014. Ha sido becario del Fondo Estatal para la Cultura y las Artes de Sonora (2015-2016) con el proyecto poético *La espiral*. Participa en diversas antologías narrativas publicadas en su ciudad. Fue reconocido con el premio Edmundo Valadés 2017 en la categoría de cuentista con trayectoria. El 2018 gana el Cuarto Concurso de Relatos de Fantasía, Terror y Ciencia Ficción de Noviembre Nocturno con "La balada de Ilrem". Tiene el honor de ser uno de los elegidos para conformar el Atlas Negro, la antología coordinada por Álvaro Aparicio.

Actualmente reescribe dos de sus poemarios inéditos y coquetea con géneros literarios inexplorados por su pluma. Participa también en eventos de fomento a la lectura entre jóvenes. Esporádicamente acepta hacer revelaciones irresponsables a través de las cartas del tarot.

www.ingramcontent.com/pod-product-compliance
Lightning Source LLC
Chambersburg PA
CBHW020500160726
47991CB00007B/2750